学校 - sukuu	2
旅行 - akwantuo	5
交通运输 - ɛhyɛn	8
城市 - kuropɔn	10
地形 - asaase	14
餐馆 - adidibea	17
超市 - dwakɛseɛmu	20
饮料 - nsa	22
食物 - aduane	23
农场 - afuo	27
房子 - efie	31
客厅 - ɛdan a wɔtena mu	33
厨房 - gyaade	35
浴室 - adwareɛ	38
儿童房 - abɔfra dan mu	42
衣服 - ataadeɛ	44
办公室 - ɔfise	49
经济 - sikasem	51
职业 - nnwuma ahodoɔ	53
工具 - akadeɛ	56
乐器 - mfidie a wɔde bɔ nnwom	57
动物园 - mmoakurabea	59
体育 - agokansie	62
活动 - dwumadie ahodoɔ	63
家 - abusua	67
身体 - nipadua	68
医院 - asopiti	72
紧急情况 - putupru	76
地球 - Ewiase	77
钟表 - mmerɛ kyerɛfoɔ	79
周 - nnawɔtwe	80
年 - afe	81
形状 - bɔbea	83
颜色 - ahosuo	84
反义词 - abirabɔ	85
数字 - nɔma	88
语言 - kasa ahodoɔ	90
谁/什么/怎样 - hwan/aden/ sɛn	91
方位 - hefa	92

Impressum
Verlag: BABADADA GmbH, Nedderfeld 112 , 22529 Hamburg
Geschäftsführer / Verlagsleitung: Harald Hof
Druck: Books on Demand GmbH, In de Tarpen 42, 22848 Norderstedt

Imprint
Publisher: BABADADA GmbH, Nedderfeld 112 , 22529 Hamburg, Germany
Managing Director / Publishing direction: Harald Hof
Print: Books on Demand GmbH, In de Tarpen 42, 22848 Norderstedt

学校
sukuu

- 教室 adesua dan mu
- 除 kyɛmu
- 黑板 bɔɔdo
- 校园 sukuu asaase
- 老师 ɔkyerɛkyerɛni
- 纸 krataa
- 书写 twerɛ
- 钢笔 twerɛdua
- 办公桌 pono
- 直尺 susudua
- 书 nwoma
- 学生 sukuuni

书包
baage

铅笔盒
adeɛ wɔde twerɛdua hyɛ mu

铅笔
twerɛdua

卷笔刀
adea wɔde sensene twerɛdua ano

橡皮擦
rɔba

画板
drɔɔwin nkrataa

图画
drɔɔwin

画笔
adeɛ a wɔde bɔ akaadoo mu

颜料盒
akaadoo adaka

剪刀
apasoɔ

胶水
aduro a wɔde sɔ nnooma bɔ mu

练习册
krataa wɔyɛ dwumadie wɔ mu

家庭作业
efie adwuma

数字
nɔma

加
ka bom

减
te frim

乘
fabaho

计算
bo ho nkonta

字母
atwerɛdeɛ

字母表
atwerɛdeɛ

字
asɛm

学校 - sukuu

课文

atwerɛ

读

kan

粉笔

chalk

上课

adesua

登记

krataa a din ahodoɔ wɔ mu

考试

nsɔhwɛ

证书

nimdeɛ krataa

校服

sukuu ataadeɛ

教育

adesua

百科全书

encyclopedia

大学

suapon kɛseɛ

显微镜

afidie a wɔde hwɛ adeɛ
aniwa ntumi nhunu

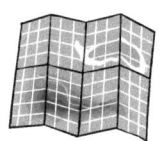

地图

asaase mfonin a ɛwɔ krataa so

废纸筐

kɛntɛn a wɔde krataa na ayɛ
a wɔde nwura gu mu

学校 - sukuu

旅行
akwantuo

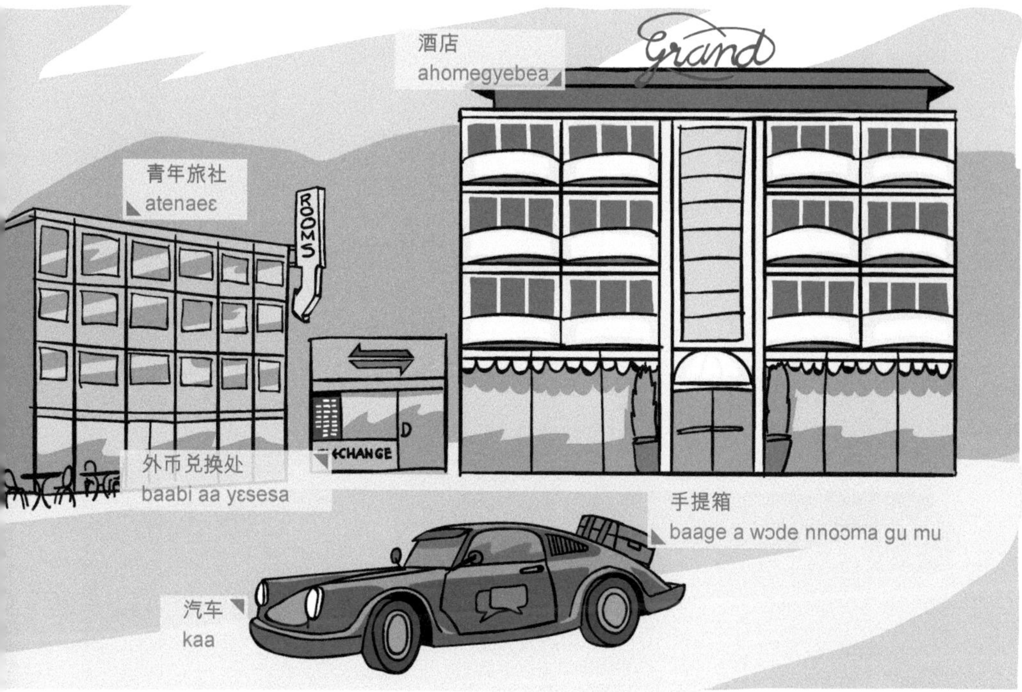

酒店
ahomegyebea

青年旅社
atenaeɛ

外币兑换处
baabi aa yɛsesa

手提箱
baage a wɔde nnooma gu mu

汽车
kaa

语言
kasa

是/否
aane / daabi

好的
Yoo

您好
hɛlo

翻译员
deɛ wɔkyerɛkyerɛ kasa ase

谢谢
Medaase

旅行 - akwantuo

……多少钱？
… ɛyɛ sɛn?

我不明白
Menteaseɛ

问题
ɔhaw

晚上好！
Maadwo!

早上好！
Maakye!

晚安！
Da yie!

再见
nante yie

方向
akwankyerɛ

行李
nnooma a wɔde tu kwan

包
kotokuo

双肩包
baage a yɛde bɔ yakyi

客人
ɔhɔhoɔ

房间
danmu

睡袋
bag a yɛda mu

帐篷
ntomadan

旅行 - akwantuo

旅游信息
adesrafoɔ nsɛm

海滩
po ano

信用卡
krɛdit kaade

早餐
anopa aduane

午餐
awia aduane

晚餐
anwumerɛ aduane

票
tikiti

电梯
pagya

邮票
agyinahyɛdeɛ

边界
ɛhyeɛ

海关
adwumayɛfoɔ a wɔgyina
aman mmienu hyeɛ so

大使馆
ɔman bi asoeɛ

签证
akwantuo krataa

护照
akwantuo krataa

旅行 - akwantuo

交通运输
ɛhyɛn

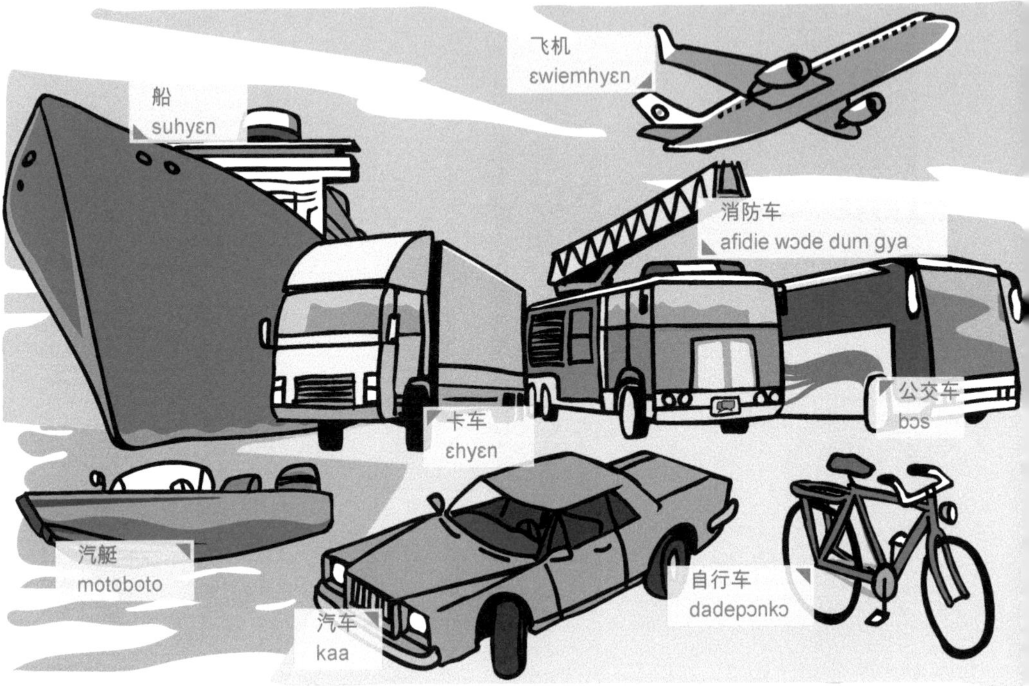

船 suhyɛn
飞机 ɛwiemhyɛn
消防车 afidie wɔde dum gya
卡车 ɛhyɛn
公交车 bɔs
汽艇 motoboto
汽车 kaa
自行车 dadeponko

摆渡船
subonto

小船
suhyɛn

摩托车
dadepɔnkɔ

警车
apolisifoɔ kaa

赛车
kaa a wɔde si akan

租车
hyɛn aa yɛ hain

拼车
kaa a wɔde ma obi de di dwuma

拖车
kaa a wɔde twe ɛhyɛn a asɛe

垃圾车
bɔɔla kaa

发动机
motɔ

汽油
ngo

加油站
beaɛ a wɔtɔn pɛtro

交通标志
trafik ahyɛnsodeɛ

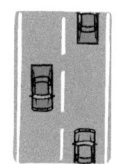

交通
trafik

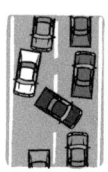

交通堵塞
ɛhyɛn ntumi nkɔ ntɛm

停车场
kaa gyinabea

火车站
keteke steshin

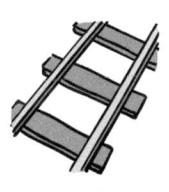

轨道
ketekye kwan

火车
ketekye

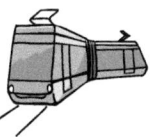

电车
ketekye

货车
afidie a wɔtena mu wɔ wiem tu kwan

交通运输 - ɛhyɛn

9

直升机
ewiemhyɛn

机场
dadeɛanoma gyinabea

塔
dan tentene

乘客
obi a wɔforo hyɛn

集装箱
adaka

纸板箱
adaka

手推车
teaseɛnam

篮子
kɛntɛn

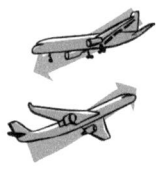
起飞/降落
tu / si fam

城市
kuropɔn

村庄
akurase

市中心
kuropɔn hyiabea

房子
efie

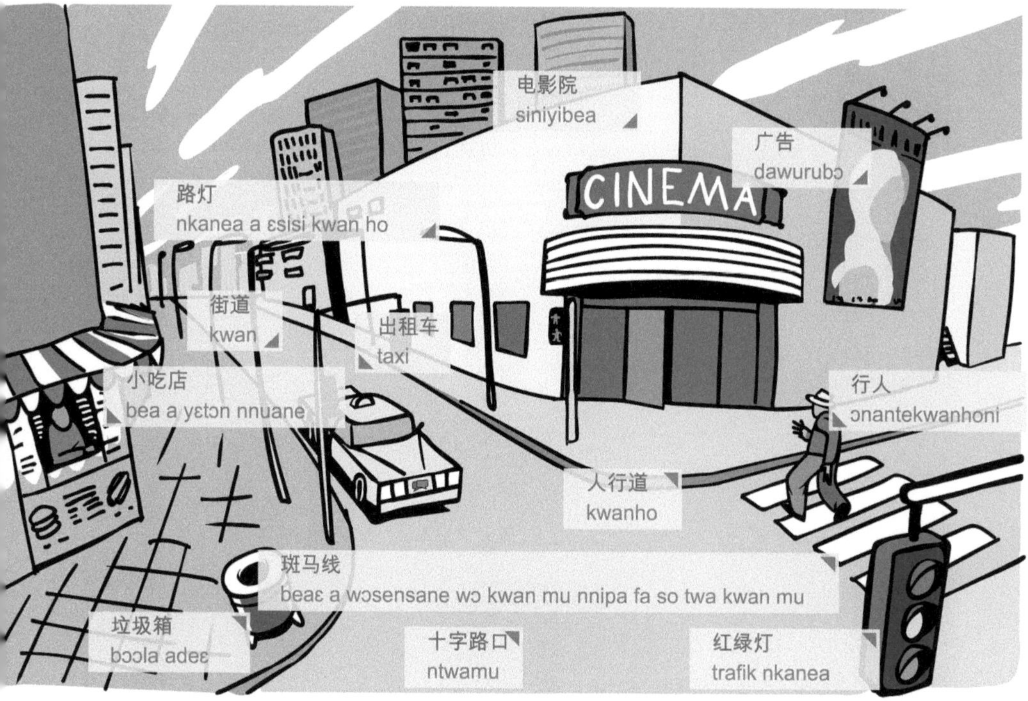

电影院 siniyibea

广告 dawurubɔ

路灯 nkanea a ɛsisi kwan ho

街道 kwan

出租车 taxi

行人 ɔnantekwanhoni

小吃店 bea a yɛtɔn nnuane

人行道 kwanho

斑马线 beaɛ a wɔsensane wɔ kwan mu nnipa fa so twa kwan mu

垃圾箱 bɔɔla adeɛ

十字路口 ntwamu

红绿灯 trafik nkanea

小屋
ntaabodan

公寓
tenabea

火车站
keteke steshin

市政厅
kurom nhyiadanmu

博物馆
mesiɔm

学校
sukuu

城市 - kuropɔn

大学
suapon kɛseɛ

银行
sikakorabea

医院
asopiti

酒店
ahomegyebea

药房
beaɛ a wotɔn nnuro

办公室
ɔfise

书店
beaɛ a wotɔn nwoma

商店
beaɛ a wotɔn adeɛ

花店
nhwiren kuani

超市
dwakɛseɛmu

市场
dwamu

百货商店
asoeɛ sotɔɔ

鱼店
nnam tɔnfo

购物中心
adetɔ beae

海港
suhyɛn gyinabea

城市 - kuropɔn

公园
agodibea

长凳
akonnwa

桥
nsamsɔ

楼梯
adeɛ wɔee foro aborosan

地铁
asaasease

隧道
tɔkuro a w'atu no asaase mu de ayɛ kwan

公交车站
ɛhyɛn gyinabea

酒吧
nsanombea

餐馆
adidibea

邮筒
krataa adaka

路标
kwan ahyɛnsodeɛ

停车计时器
kaagyinaho meta

动物园
mmoakurabea

游泳馆
nsuo a wɔdware mu

清真寺
masalakyi

城市 - kuropɔn

农场
afuo

污染
ewiem sɛɛɛ

墓地
nsamanpɔ mu

教堂
asore

操场
agodibea

寺庙
hyiadan

地形
asaase

树叶 — ahaban
指示牌 — akyerɛkyerɛkwan
路 — kwan
草地 — sare asaase
石头 — boba
树 — dua
徒步旅行者 — pipo so foronii
河 — asubontene
草 — nsensan
花 — nhwiren

 峡谷 ɛbɔn	 山 bepɔ	 湖 sutadeɛ
 森林 kwaeɛ	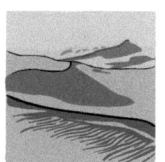 沙漠 ɛsereɛ so	 火山 egya a ɛfiri bepɔ mu ba
 城堡 ahenfie	 彩虹 nyankontɔn	 蘑菇 mmire
 棕榈树 abɛdua	 蚊子 ntontom	 苍蝇 wasena
 蚂蚁 ntatea	 蜜蜂 wowa	 蜘蛛 ananse

地形 - asaase

甲虫
kukurubibi

青蛙
apɔnkyerɛnee

松鼠
opuro

刺猬
kotoko

野兔
adanko

猫头鹰
patuo

鸟
anomaa

天鹅
dabodabo

野猪
kɔkɔte

鹿
wansane

麋鹿
torɔm

水坝
sutadeɛ

风力发电机
mframa tɛɛbain

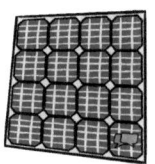
太阳能电池板
adeɛ ɛtwe anyinam ahoden firi awia mu

气候
ewiem

地形 - asaase

餐馆
adidibea

服务员
barima a wɔsom wɔ beaɛ a wɔtɔn aduane

菜单
aduane ahodoɔ wɔtɔn

椅子
akonwa

汤
nkwan

披萨饼
pizza

餐具
atere ne nsikan a wɔde didie

桌布
ntoma a wɔde kata ɛpono so

前菜
ahyɛaseɛ

主菜
aduane titriw

甜点
nnɔkɔnnɔkwade

饮料
nsa

食物
aduane

瓶子
toa

快餐
aduane wɔyɛ no ɔhare so

街边小吃
aduana a ɛyɛ kwan ho

茶壶
tea kukuo

糖盒
asikyire kyɛnsen

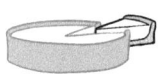

一份饭菜
fa

意式咖啡机
espresso afidie

高脚椅
akonwa tenten

账单
ka krataa

托盘
apanpan

刀
sikanmoa

餐叉
adinam

勺子
atere

茶匙
tea atere

餐巾
ntoma a wɔde sɛ pono so

玻璃杯
ahwehwɛ

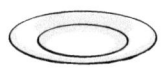

碟子
plɛɛte

汤盘
nkwan plɛɛte

碟子
plɛte ketewa

酱
frɔyɛ

盐瓶
nkyene kukuo

胡椒磨
adeɛ a wɔde twi mako

醋
vinegar

食用油
anwa

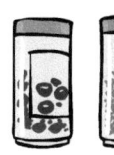

调味料
atosodeɛ

番茄酱
ketchup

芥末
sinapi aba

蛋黄酱
mayonis

餐馆 - adidibea

超市

dwakɛseɛmu

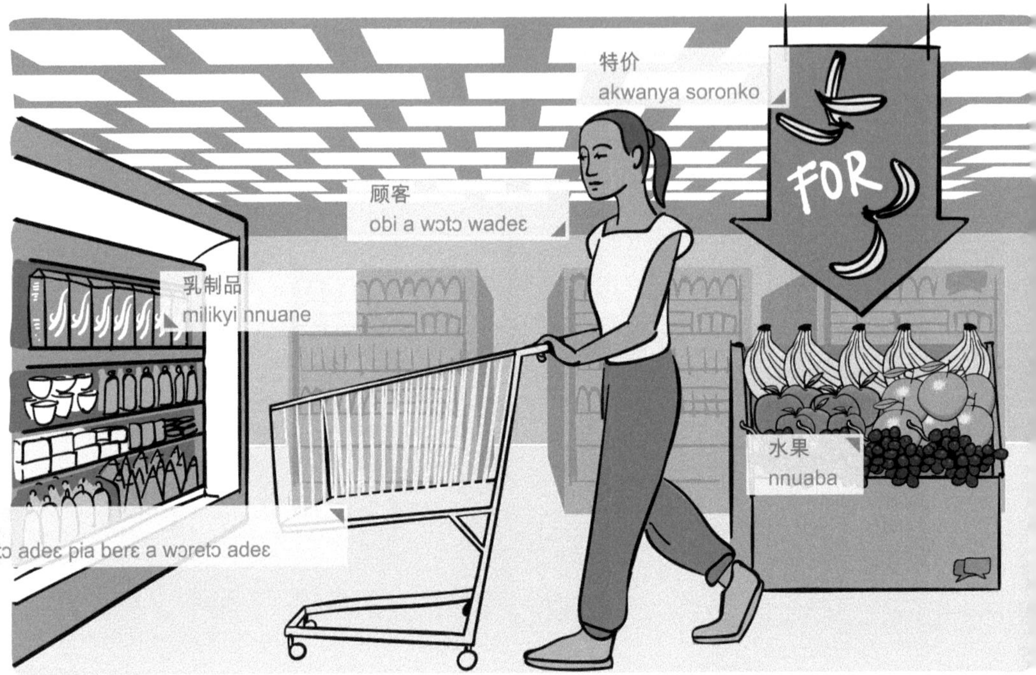

特价
akwanya soronko
FOR
顾客
obi a wɔtɔ wadeɛ
乳制品
milikyi nnuane
水果
nnuaba
tɔ adeɛ pia berɛ a wɔretɔ adeɛ

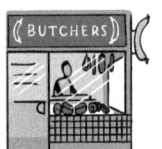

BUTCHERS

肉铺

nnamtwafo

BAKERY

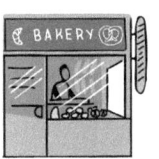

面包房

brodotofo

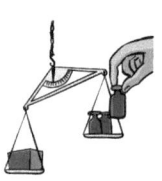

称重

susu

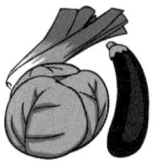

蔬菜

atosodeɛ

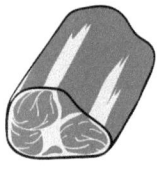

肉

nnam

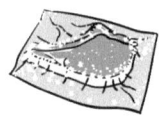

冷冻食品

aduane a wɔde ahyɛ sukɔtwea adaka mu

冷盘

nnam a yɛy nwunu

罐头食品

nnuane a ɛwɔ konku mu

洗衣粉

aduro a wɔde si nnooma

甜食

adɔkɔkɔdɔkɔdeɛ

日用品

efie nnooma

清洁用品

nnuro a wɔde hohoro nnooma ho

销售员

adetɔni

收银机

adeɛ a wɔgye sika de gu mu

收银员

obi a wɔhwɛ sika so

购物清单

nnooma a wobɛtɔ

开放时间

mmerɛ a ɔmo de bue

钱包

kotokuo

信用卡

krɛdit kaade

袋子

bɔtɔ

塑料袋

rɔba bɔtɔ

超市 - dwakɛseɛmu

饮料
nsa

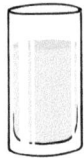
水
nsuo

果汁
aduaba mu nsuo

牛奶
milikyi

可乐
coke

红酒
nsa

啤酒
beer

酒
nsaden

可可
kookoo

茶
tea

咖啡
kɔfe

意式浓缩咖啡
espresso

卡布奇诺
cappuccino

食物
aduane

香蕉
kwadu

苹果
aprɛ

橙子
akutuo

西瓜
mɛlɔn

柠檬
akutuo

胡萝卜
karɔt

大蒜
galeke

竹子
mpampuro

洋葱
gyeene

蘑菇
mmire

坚果
nkateɛ

面条
talia

意大利面条
talia

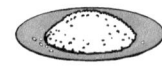

米饭
ɛmo

沙拉
salad

薯条
kyips

炸土豆
aborodwomaa w'akye

披萨饼
pizza

汉堡包
hamburger

三明治
sandwich

炸猪排
ntwetwade

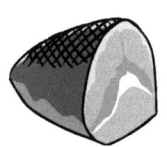

火腿
prɛko nam

萨拉米
salami

香肠
sɔsegye

鸡肉
akokɔnam

烤肉
toto

鱼
nsuomunam

食物 - aduane

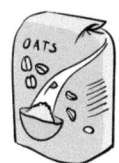

燕麦片
oats koko

穆兹利
muesli

玉米片
cornflakes

面粉
esam

羊角面包
croissant

面包卷
brodo a yabobɔ

面包
brodo

烤面包
ho

饼干
biskit

黄油
bɔta

凝乳
koko

蛋糕
ɔfam

蛋
kosua

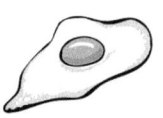

煎蛋
kosua a yakye

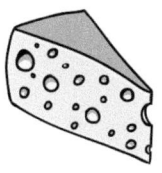

奶酪
kyeese

食物 - aduane

冰激凌

ise krim

糖

asikyire

蜂蜜

ɛwoɔ

果酱

ɛam

巧克力酱

kyɔkolate a wɔde yɛ aduane mu

咖喱饭

kɔri

食物 - aduane

农场
afuo

农舍 kuafie
粮仓 aduanekorabea
稻草捆 ahaban a awo a waka abɔ mu
田野 asaase
马 pɔnkɔ
拖车 ahyɛnkɛseɛ
马驹 pɔnkɔ ba
拖拉机 trata
驴 afunumu
羔羊 odwan ba
羊 odwan

山羊
apɔnkye

奶牛
nantwie

牛犊
nantwie ba

猪
prɛko

小猪
prɛko ba

公牛
nantwinini

鹅
dabodabo

鸭
dabodabo

小鸡
akokɔba

母鸡
akokɔbedeɛ

公鸡
akokɔnini

鼠
akura

猫
agyinamoa

老鼠
akura

牛
nantwi

狗
ɔkraman

狗屋
kramanfie

花园浇水软管
drobɛn a wɔde nsuo fa mu gugu nnoɔma so

洒水壶
toa wɔde nsuo gu mu de gugu nnoɔma so

长柄大镰刀
kantankrankyi

犁
afidie a wɔde funtum asaase ani

农场 - afuo

镰刀
sɔsɔwa

锄头
asɔ

长柄草耙
fɔɔki kɛsɛɛ

斧头
akuma

独轮手推车
hweebaro

饲料槽
adea mmoa didi mu

牛奶罐
milikyi konku

麻布袋
kotoku

栅栏
ɛban

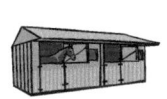
马厩
mmoa dan

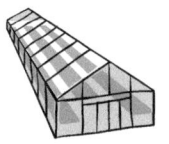
温室
nnuaba dan mu

土壤
anwea

种子
aba

肥料
nnuro a wɔde gu mfudeɛ ho

联合收割机
nnuanetwa kaa kɛse

收割
twa

收割
mfudeɛ

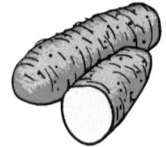
山药
bayerɛ

小麦
ayuo

大豆
soya

土豆
aborɔdwomaa

玉米
aburo

油菜籽
rapedua aba

果树
aduaba dua

树薯
bankye

谷物
aburo aduane

农场 - afuo

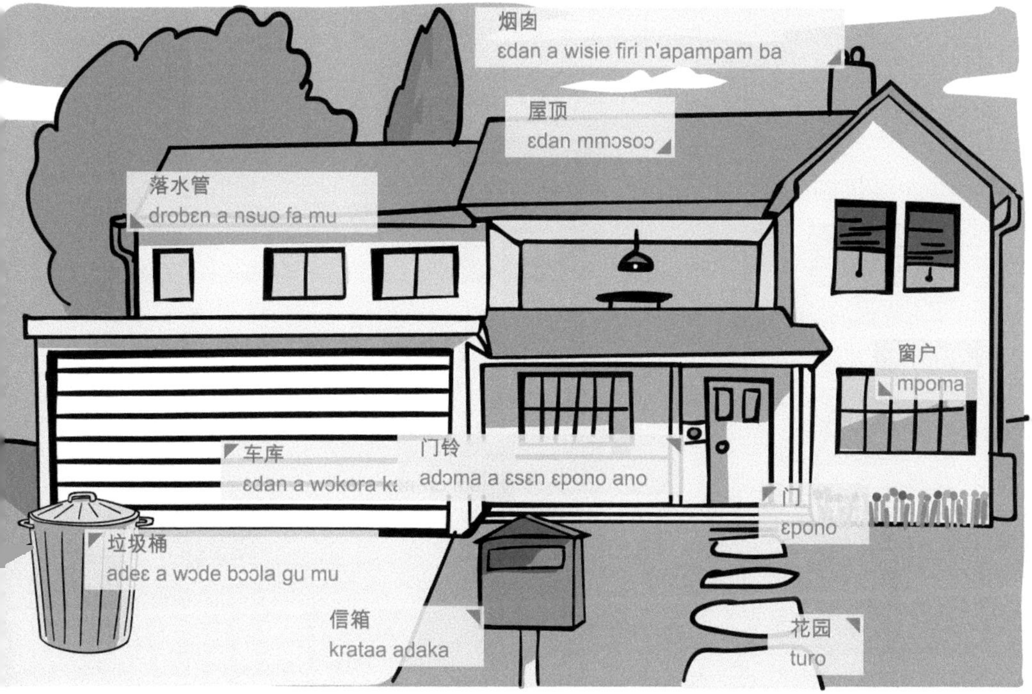

房子
efie

- 烟囱 — ɛdan a wisie firi n'apampam ba
- 屋顶 — ɛdan mmɔsoɔ
- 落水管 — drobɛn a nsuo fa mu
- 窗户 — mpoma
- 车库 — ɛdan a wɔkora kaa
- 门铃 — adoma a ɛsɛn ɛpono ano
- 门 — ɛpono
- 垃圾桶 — adeɛ a wɔde bɔɔla gu mu
- 信箱 — krataa adaka
- 花园 — turo

客厅
ɛdan a wɔtena mu

浴室
adwareɛ

厨房
gyaade

卧室
piam

儿童房
abɔfra dan mu

餐厅
ɛdan a wɔdidi wɔ mu

房子 - efie

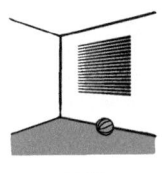
地板
fam

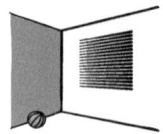
墙壁
ɛban

吊顶
siilin

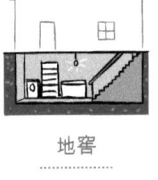
地窖
ɛdan a ɛhyɛ fam

桑拿
beaɛ a wɔkɔto hyew

阳台
pɔɔkye

露台
asaase a wafuntum na wɔde dua nnɔbaeɛ

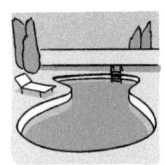
游泳池
nsuo a wɔdware mu

割草机
afidie a wɔde dɔ

被单
krataa

床罩
nnasoɔ

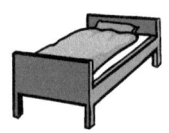
床
mpa

扫帚
praeɛ

水桶
bɔkiti

开关
deɛ wɔde sɔ kanea

房子 - efie

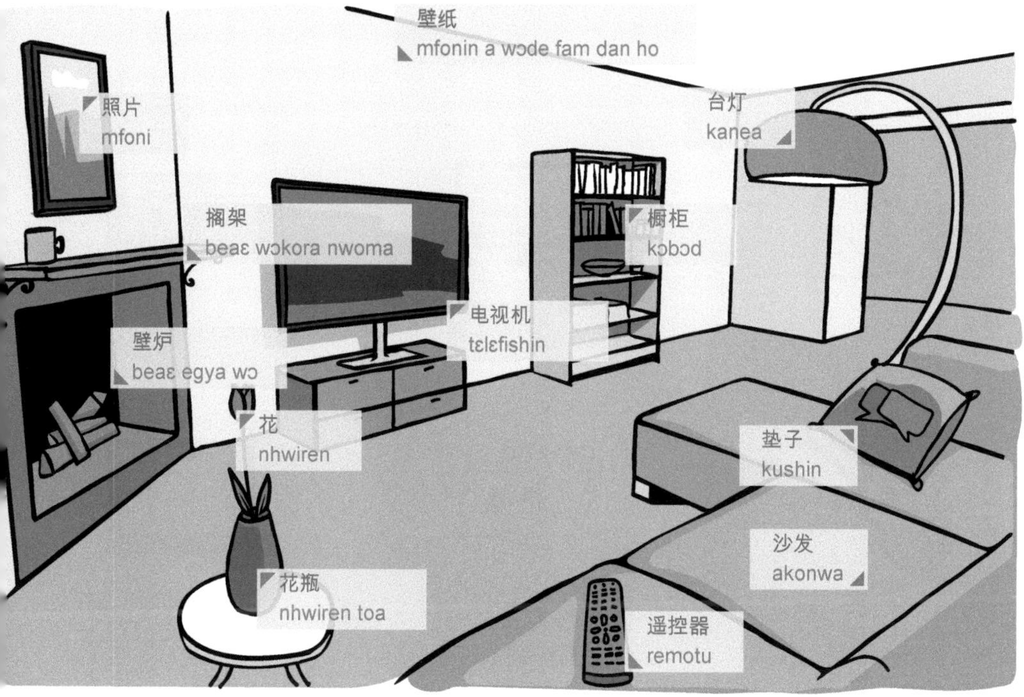

客厅
ɛdan a wɔtena mu

照片 — mfoni
壁纸 — mfonin a wɔde fam dan ho
台灯 — kanea
搁架 — beaɛ wɔkora nwoma
橱柜 — kɔbɔd
壁炉 — beaɛ egya wɔ
电视机 — tɛlɛfishin
花 — nhwiren
花瓶 — nhwiren toa
垫子 — kushin
沙发 — akonwa
遥控器 — remotu

地毯
kapɛt

窗帘
kɛtin

餐桌
pono

椅子
akonwa

摇椅
akonwa aa ɛkɔ anim ne akyi

扶手椅
nsaakonwa

客厅 - ɛdan a wɔtena mu

书
nwoma

毯子
kuntu

装饰品
beaɛ asiesie

木柴
egya

电影
mfoni

高保真音响
hi-fi afidie

钥匙
safoa

报纸
dawurubɔ krataa

油画
akaado

海报
mfoni

收音机
akasanoma

笔记本
nwoma a wɔtwerɛ nsɛmpɔ gu mu

吸尘器
afidie a wɔde pra mfuturo

仙人掌
cactus

蜡烛
kandele

客厅 - ɛdan a wɔtena mu

厨房
gyaade

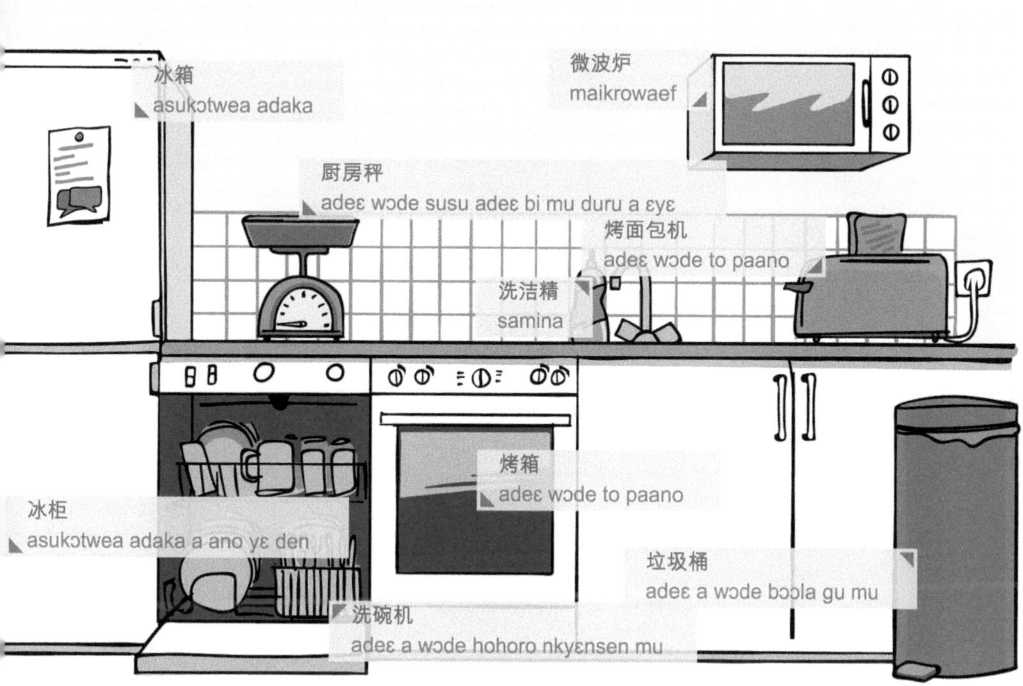

冰箱
asukɔtwea adaka

微波炉
maikrowaef

厨房秤
adeɛ wɔde susu adeɛ bi mu duru a ɛyɛ

烤面包机
adeɛ wɔde to paano

洗洁精
samina

冰柜
asukɔtwea adaka a ano yɛ den

烤箱
adeɛ wɔde to paano

垃圾桶
adeɛ a wɔde bɔɔla gu mu

洗碗机
adeɛ a wɔde hohoro nkyɛnsen mu

炊具
adeɛ a wɔde noa aduane

锅
kukuo

铸铁锅
dadesɛn

炒锅
wok / kadai

平底锅
pan

水壶
adeɛ wɔde noa nsuo

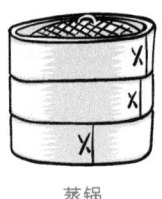

蒸锅

nea yɛde ka aduane hye

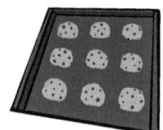

烤盘

adeɛ wɔto so paano

陶瓷锅

nkyɛnsen a wɔdidi mu

马克杯

kuruwa

碗

kyɛnsen

筷子

nnua a wɔde didie

长柄勺

kwantere

铲子

atere

搅拌器

adeɛ wɔde nu adeɛ mu

滤网

sɔneɛ

筛子

sɔneɛ

磨碎机

adeɛ a wɔde twi adeɛ

研钵

waduro

烧烤

adeɛ a wɔde toto nam

明火

egya a biribiara mmɔ ho ban

厨房 - gyaade

菜板
adeɛ a wɔtwitwa so nnooma

擀面杖
adea wɔde twi nnooma

开瓶器
adeɛ a wɔde tu toa ano

罐子
konku

开罐器
adeɛ wɔde bie konku so

隔热手套
nea yɛde sɔ kukuo mu

水槽
adeɛ a wɔhohoro nkyɛnse wɔ mu

刷子
adeɛ a wɔde twitwi

海绵
sapɔ

搅拌机
afidie wɔde yam nnuane

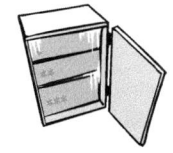
冷藏箱
asukɔtwea adaka a ano yɛ den

奶瓶
abɔfra toa

水龙头
nsuo

厨房 - gyaade

浴室
adwareɛ

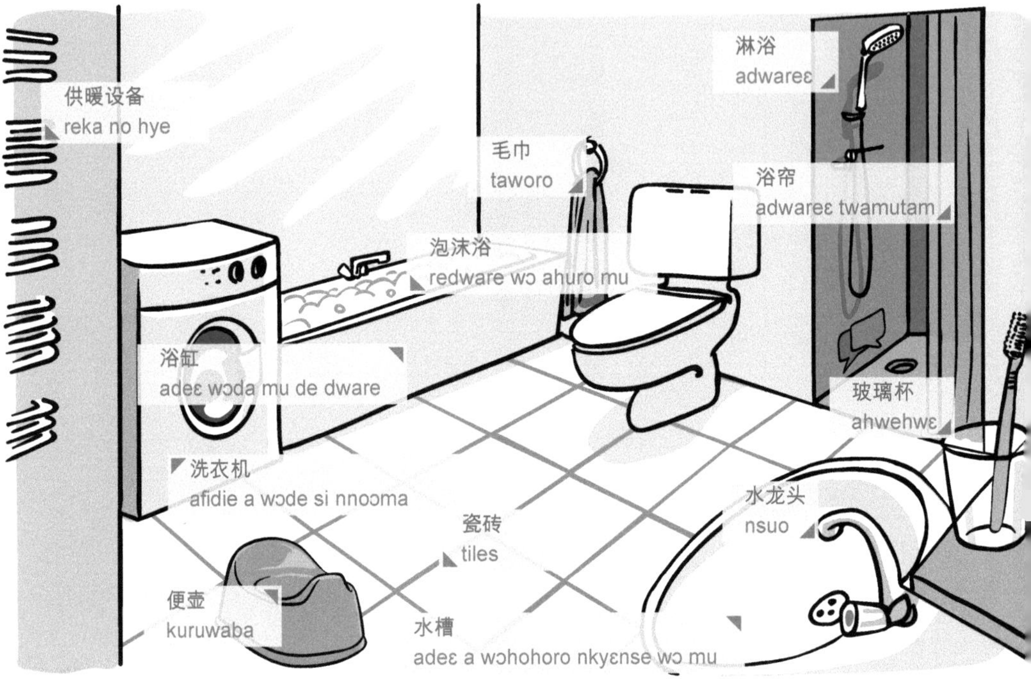

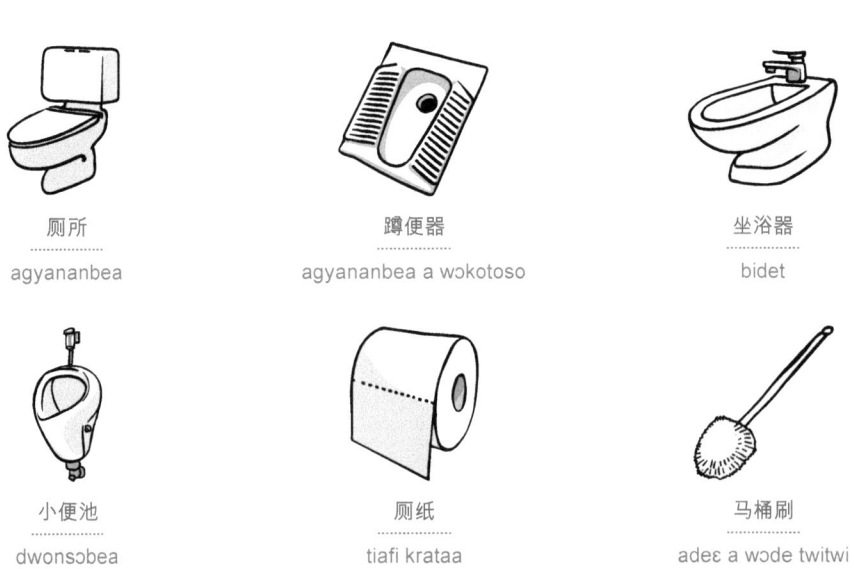

供暖设备 — reka no hye
毛巾 — taworo
淋浴 — adwareɛ
浴帘 — adwareɛ twamutam
泡沫浴 — redware wɔ ahuro mu
浴缸 — adeɛ wɔda mu de dware
洗衣机 — afidie a wɔde si nnooma
玻璃杯 — ahwehwɛ
水龙头 — nsuo
瓷砖 — tiles
便壶 — kuruwaba
水槽 — adeɛ a wɔhohoro nkyɛnse wɔ mu

厕所
agyananbea

蹲便器
agyananbea a wɔkotoso

坐浴器
bidet

小便池
dwonsɔbea

厕纸
tiafi krataa

马桶刷
adeɛ a wɔde twitwi agyanbea

牙刷
adeɛ wɔde twitwiri ɛse

牙膏
aduro wɔde twitwiri ɛse

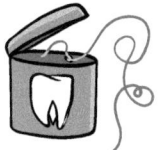
牙线
adeɛ wɔde yiyi ɛse ntam

洗
si

手持式喷淋头
adeɛ wɔsɔ mu de dware

冲洗器
adeɛ nsuo fa mu na wɔde hohoro mmaa ase

洗脸盆
adeɛ wɔsi nnooma wɔ mu

擦背刷
adeɛ wɔde twitwi yakyi

肥皂
samina

沐浴露
adwareɛ samina

洗发水
deɛ wɔde hohoro tirinwii mu

法兰绒
ntoma wɔde asaawa na ayɛ

排水
nsuokwan

乳霜
nkuu

除臭剂
aduro a wɔde fa mmɔtoamu

浴室 - adwareɛ

镜子
ahwehwɛ

手镜
ahwehwɛ kumaa

剃须刀
yiwan

剃须泡沫
aduro a wɔde yi

须后水
aduro a wɔde sera beaɛ wayi

梳子
afe

刷子
brɔsh

吹风机
afidie a wɔde ka nwii ma no wo

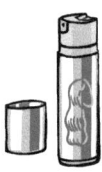
喷发定型剂
adeɛ wɔde aduro gu mu de gu nwii so

化妆品
adeɛ wɔde yɛn wɔn anim

唇膏
adeɛ wɔde keka ano

指甲油
aduro a wɔde ka mmɔwerɛ so

化妆棉
asaawa

指甲剪
apasoɔ a wɔde twitwa mmɔwerɛ

香水
aduham

洗漱包

baage a wɔde nnooma gu mu wɔ adwareɛ

凳子

akonwa

计重秤

afidie a wɔde susu adeɛ bi mu duro

浴袍

ataadeɛ wɔhyɛ berɛ a wɔrekɔdware

橡胶手套

adeɛ wɔde hyɛ wɔn nsa a wɔde rɔba na ayɛ

卫生棉条

adeɛ wɔde twe nsuo firi pirakuro mu

卫生巾

deɛ mmaa de siesie wɔn ho berɛ wɔn abu wɔn nsa

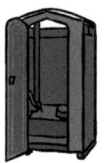

化学厕所

agyananbea a wɔde nnuro kora

浴室 - adwareɛ

儿童房
abɔfra dan mu

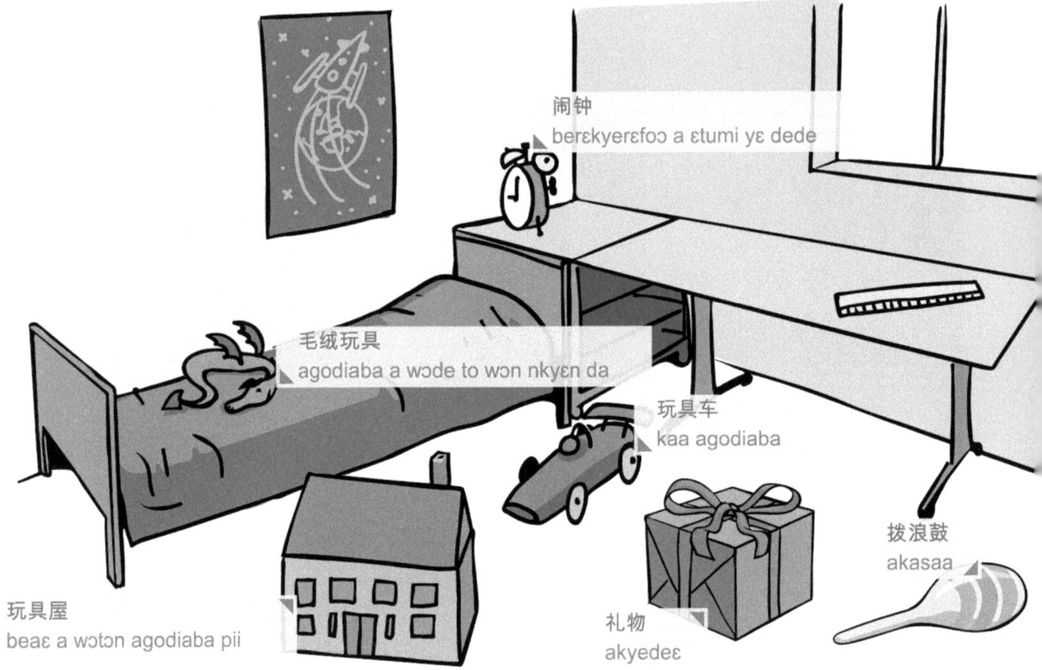

闹钟
berɛkyerɛfoɔ a ɛtumi yɛ dede

毛绒玩具
agodiaba a wɔde to wɔn nkyɛn da

玩具车
kaa agodiaba

玩具屋
beaɛ a wɔtɔn agodiaba pii

礼物
akyedeɛ

拨浪鼓
akasaa

气球
baluu

床
mpa

（洋娃娃用）婴儿车
adeɛ a wɔde mmɔfra to mu pia wɔn

扑克牌
nkrataa a ɛhyɛ adaka mu

拼图
mfonin asiniasini a wɔkeka si ani hyehyɛ

漫画
mmɔfra aseresɛm nwoma

儿童房 - abɔfra dan mu

乐高积木
lego bricks

积木玩具
blɔks a wɔde si dan

玩具人
mmɔfra agodiaba

婴儿服
mmɔfra ataade a wɔayɛ abɔ mu

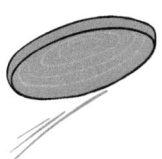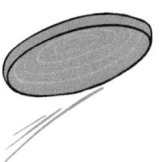
飞盘
frisbee

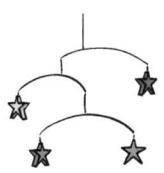
床铃玩具
agodiaba a wɔde sensɛne mmɔfra mpa so

棋盘游戏
agorɔ a ɛwɔ pono so

骰子
ludu aba

火车模型
ketekye ketewa

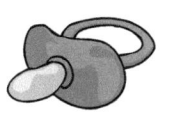
安抚奶嘴
adeɛ a wɔde hyɛ mmɔfra anumu

聚会
apontoɔ

绘本
krataa mfonin wɔ mu

球
bɔɔlɔ

洋娃娃
agodiaba

玩
di agorɔ

儿童房 - abɔfra dan mu

沙坑

adeɛ wɔde anwea agu mu a mmɔfra di mu agorɔ

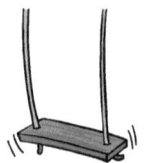

秋千

adonko

玩具

agodiaba

游戏机

afidie abɛɛfo agodie wɔ so a wɔbɔ

三轮车

dadepɔnkɔ a ne nan yɛ mmiensa

泰迪熊

sisire agodiaba

衣柜

wɔdrop

衣服
ataadeɛ

袜子

adeɛ a wɔhyɛ ansa na wahyɛ mpaboa

长袜

ataade tenten a wɔhyɛ wɔ wɔn nan ho

紧身裤

ataadeɛ a ɛkyekyere deɛ wahyɛ no

身体
nipadua

裤子
trɔsa

牛仔裤
gyins

短裙
skɛɛte

女式衬衫
mmaa ataade soro

衬衫
ataadesoro

套头衫
swata

卫衣
ataadeɛ a ɛkyɛ wɔ mu

西装夹克
kootu

夹克
ataade ngusoɔ

外套
kootu

雨衣
ataadeɛ wɔhyɛ berɛ nsuo retɔ

套装
ataadehyɛ

连衣裙
ataadeɛ

婚纱
ayifrɔ atadeɛ

衣服 - ataadeɛ

西装
ataade nkatasoɔ

睡袍
ataadeɛ a yɛhyɛ de da

睡衣
pigyamas

莎丽
sari

头巾
duku

包头巾
duku

波卡
ataadeɛ Nkramofoɔ mmaa hyɛ na ɛkata wɔn tiri so de kɔsi wɔn nan ase

卡夫坦
kaftan

(阿拉伯式)长袍
abaya

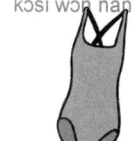
泳衣
ataadeɛ a wɔhyɛ de dware nsuo mu

男式泳裤
nika

短裤
nika

运动服
traksuit

围裙
ntoma a wɔde kata wɔn kɔnmu berɛ wɔreyɛ aduane

手套
adeɛ wɔde hyɛ wɔn nsa

衣服 - ataadeɛ

纽扣

batin

眼镜

ahwehwɛniwa

手链

adeɛ wode to wɔn nsa

项链

kɔnmuade

戒指

kawa

耳环

asomadeɛ

便帽

ɛkyɛ

衣架

adeɛ a wɔde kootu hyɛ so

帽子

ɛkyɛ

领带

abɔɔmenemu

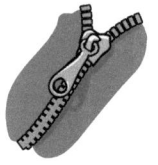

拉链

zip

头盔

ɛkyɛ a wɔhyɛ de twi motosakre

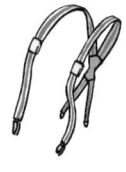

背带

bresis

校服

sukuu ataadeɛ

制服

ataadeɛ

衣服 - ataadeɛ

围兜
adeɛ a wɔde gu abɔfra kɔn mu berɛ a wɔredidi

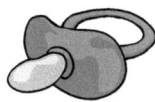

安抚奶嘴
adeɛ a wɔde hyɛ mmɔfra anumu

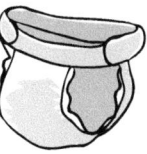

尿不湿
moase tam

办公室
ɔfise

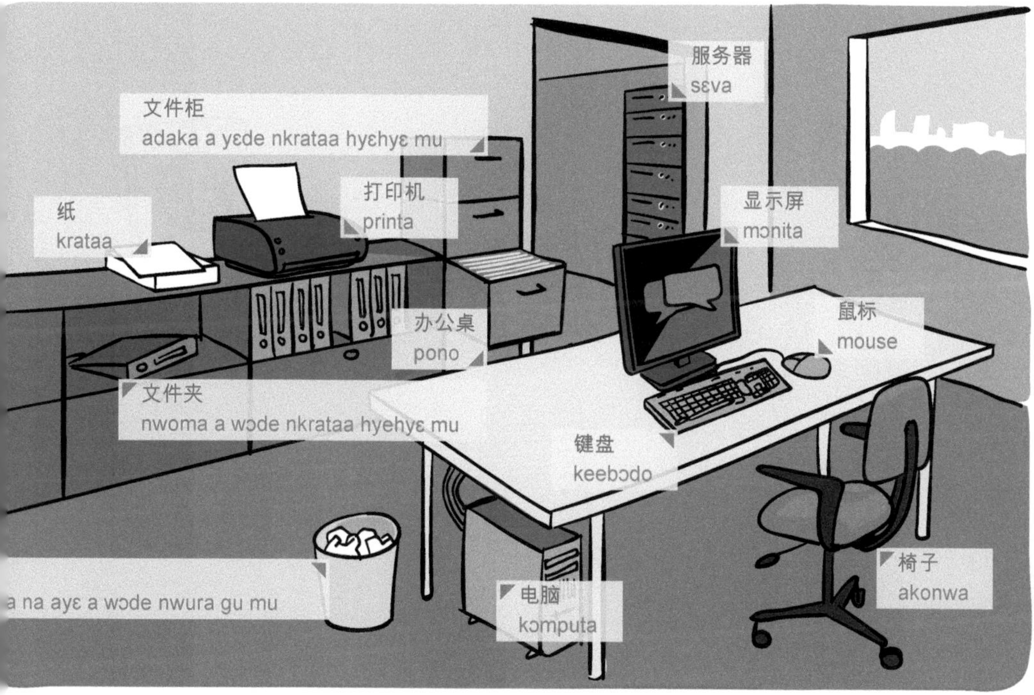

- 文件柜 — adaka a yɛde nkrataa hyɛhyɛ mu
- 纸 — krataa
- 打印机 — printa
- 服务器 — sɛva
- 显示屏 — mɔnita
- 办公桌 — pono
- 鼠标 — mouse
- 文件夹 — nwoma a wɔde nkrataa hyɛhyɛ mu
- 键盘 — keebɔdo
- 椅子 — akonwa
- 电脑 — kɔmputa
- a na ayɛ a wɔde nwura gu mu

咖啡杯
kɔfe kuruwa

计算器
afidie a wɔde bu nkonta

因特网
intanɛt

办公室 - ɔfise

笔记本电脑

laptop

信件

krataa

消息

nkratoɔ

手机

mobile

网络

nɛtwɛk

复印机

fotokɔpia

软件

sɔftwɛɛ

电话

tetefon

插座

plɔg sɔkɛti

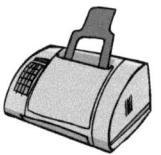

传真机

fax afidie

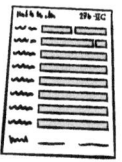

表格

krataa

文件

krataa

办公室 - ɔfise

经济
sikasem

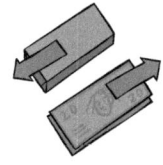
买
cɔ

付钱
tua

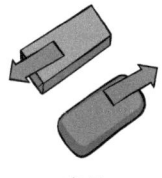
交易
tɔn

现金
sika

美元
dollar

欧元
euro

日元
yen

卢布
rouble

瑞士法郎
Swiss franc

人民币
renminbi yuan

卢比
rupee

提款处
sikabea

外币兑换处
baabi aa yɛsesa

金
sikakɔkɔɔ

银
dwetɛ

石油
ngo

能源
ahoɔden

价格
ne boɔ

合同
nteaseɛ a ɛwɔ krataa so

税金
cotɔ

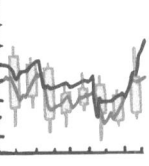
股票
stock

工作
yɛ adwuma

职员
odwumayɛni

老板
obi a wafa obi adwumamu

工厂
afidihyehyɛbea

商店
beaɛ a wɔtɔn adeɛ

经济 - sikasem

职业
nnwuma ahodoɔ

警官 — polisini

消防员 — gyadumni

厨师 — obi a wɔnoa aduane

医生 — dɔkota

飞行员 — obi a wɔtwi ewiemhyɛn

园丁
kuani

木匠
nnuaseni

裁缝
ɔbaa a wɔpam adeɛ

法官
otɛnmuani

化学家
dufrani

演员
siniyifoɔ

公交车司机
hyɛnkani

出租车司机
taxi drɔba

渔夫
ɔfarifo

清洁女工
ɔbaa wɔpopa beaɛ

屋顶工
obi a wɔbɔ dan so

服务员
barima a wɔsom wɔ beaɛ a wɔton aduane

猎人
ɔbɔmɔfoɔ

画家
obi wɔde akaado keka ɛden ne nnoɔma aka ho

面包师
brodotofo

电工
obi a wɔyɛ nkaneɛ ho adwuma

建筑工人
dansifo

工程师
obi a wɔyɛ mfidie akɛseɛ ho adwuma

屠夫
namtɔnfo

水管工
obi a wɔhyehyɛ drobɛn a nsuo fa mu

邮递员
obi a wɔde nkrataa a amanfoɔ atwerɛ soma no

职业 - nnwuma ahodoɔ

 士兵 ɔsrani	 建筑师 obi a wɔyɛ adansie ho adwuma	 收银员 obi a wɔhwɛ sika so
 花农 obi a wɔtɔn nhwiren	 理发师 obi a wɔyɛ tire	 售票员 deɛ wɔgyegye sika wɔ ɛhyɛn mu
 机械师 obi a wɔsiesie ɛhyɛn	船长 panin	 牙医 dɔkota a wɔhwɛ se
 科学家 abodeɛmu nyasapɛni	 拉比 ɔkyerɛkyerɛni	 伊玛目 imam
 和尚 monk	 牧师 sofo	

职业 - nnwuma ahodoɔ

工具
akadeɛ

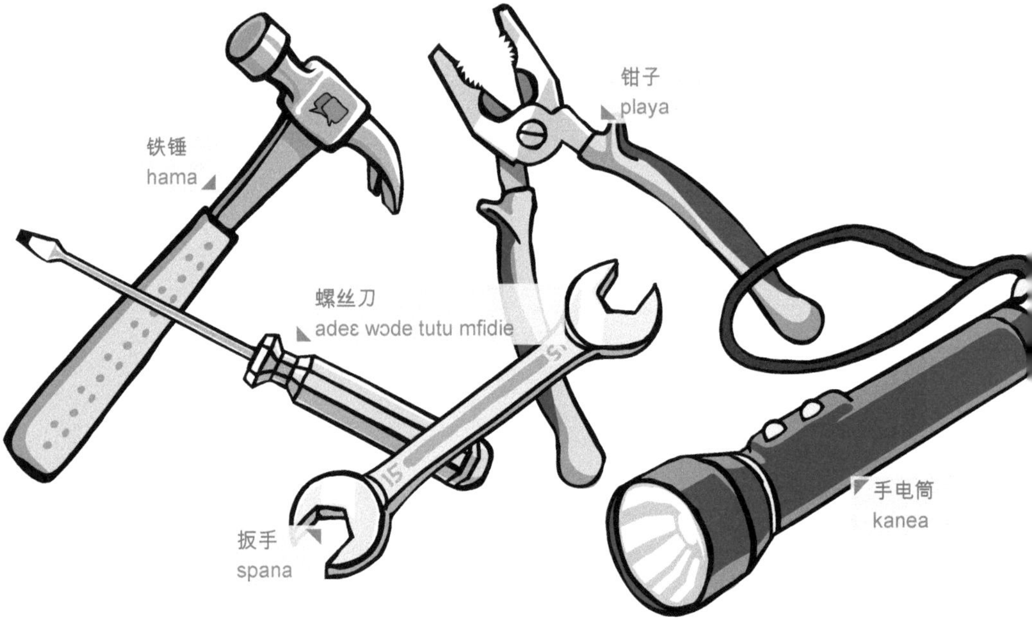

铁锤
hama

钳子
playa

螺丝刀
adeɛ wɔde tutu mfidie

扳手
spana

手电筒
kanea

挖掘机

afidie a wɔde tu fam

工具箱

adaka a wɔde nnooma a
wɔde yɛ adwuma gu mu

梯子

atwedeɛ

锯子

sradaa

钉子

nnadowa

钻机

afidie a wɔde mmia nnooma
mu

修
siesie

铲子
sɔfi

靠！
Yieee!

簸箕
asesa nwura

油漆桶
akaado kora

螺丝
dadeɛ wɔde bobɔ nnoɔma mu

乐器
mfidie a wɔde bɔ nnwom

打击乐器
ntwene

扬声器
afidie a kasa fa mu

低音提琴
bas mmienu

小号
totrobɛnto

吉他
ahoma nsia

乐器 - mfidie a wɔde bɔ nnwom

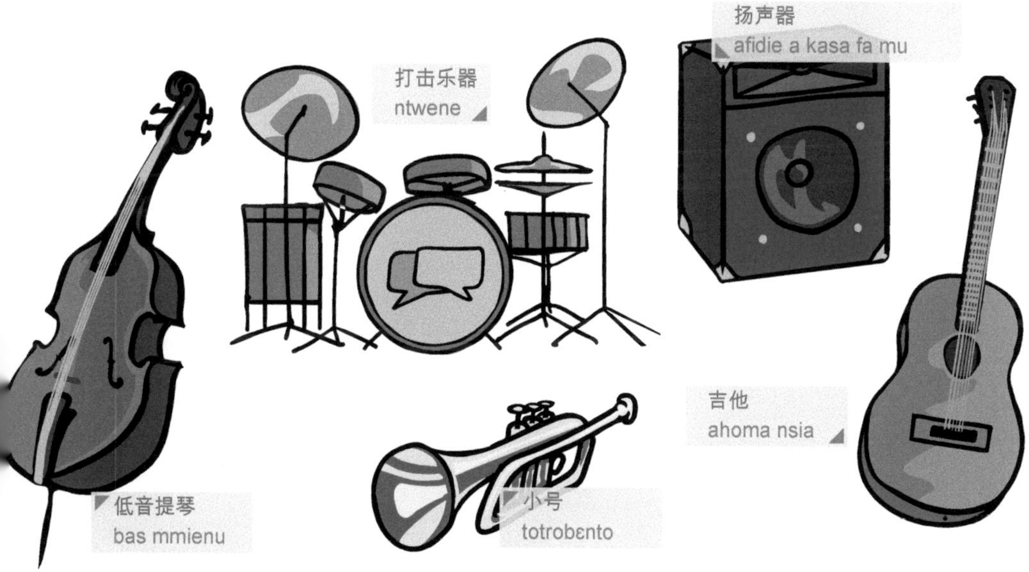

钢琴
sankuo

小提琴
sankuo

贝斯
ahoma nsia

定音鼓
timpani

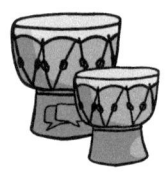
鼓
ntwene

电子琴
sankuo

萨克斯管
sasofon

长笛
trobɛnto

麦克风
akasanoma

乐器 - mfidie a wɔde bɔ nnwom

动物园
mmoakurabea

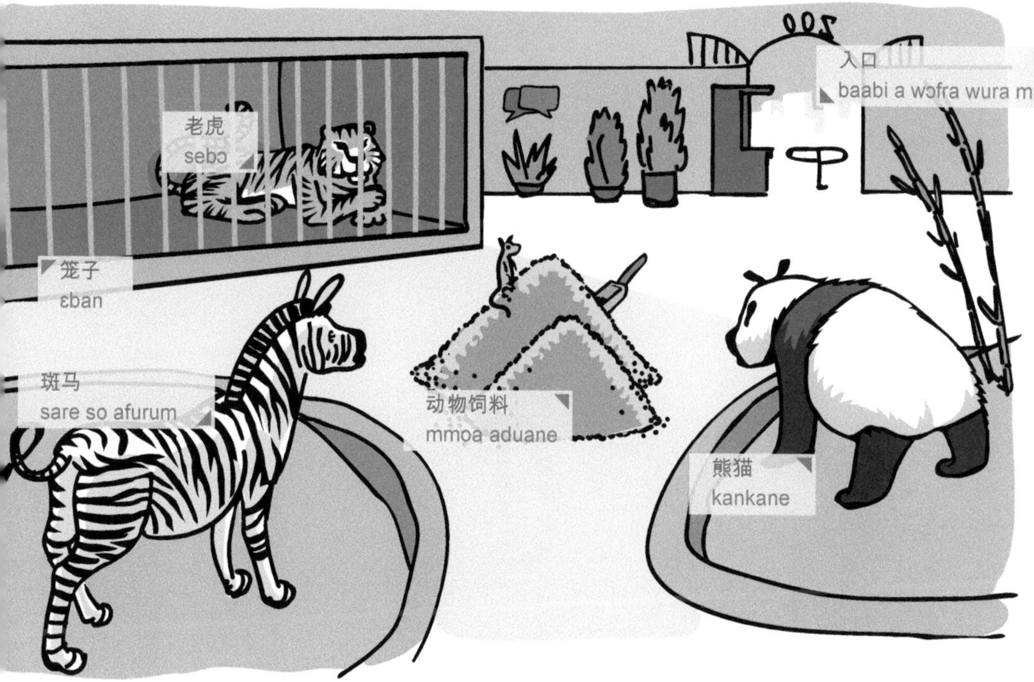

- 老虎 sebɔ
- 入口 baabi a wɔfra wura m̩
- 笼子 ɛban
- 斑马 sare so afurum
- 动物饲料 mmoa aduane
- 熊猫 kankane

动物
mmoa

大象
ɔsono

袋鼠
kangaroo

犀牛
bɛnkorɔ

大猩猩
akaatia

熊
sisire

动物园 - mmoakurabea

骆驼
yoma

鸵鸟
sohori

狮子
gyata

猴子
kontromfi

火烈鸟
asukɔnkɔn

鹦鹉
ako

北极熊
sisire

企鹅
penguin

鲨鱼
oboodede

孔雀
kohaa

蛇
ɔwɔ

鳄鱼
dɛnkyɛm

动物园管理员
mmoasohwɛfo

海豹
sukraman

美洲豹
sebɔ

动物园 - mmoakurabea

矮种马
pɔnkɔ ketewa

豹
etwie

河马
susono

长颈鹿
kɔntenten

老鹰
ɔkɔdeɛ

野猪
kokɔte

鱼
nsuomunam

龟
sudanda

海象
sukraman

狐狸
sakraman

羚羊
adowa

体育
agokansie

体育 - agokansie

活动
dwumadie ahodoɔ

有
gye

做
yɛ

当
yɛ

站
gyina

跑
tu mirika

拉
twe

扔
to

摔倒
tɔ fam

躺
twa ntorɔ

等待
twɛn

携带
soa

坐
tena ase

穿衣
hyɛ atadeɛ

睡觉
da

醒来
sɔre

活动 - dwumadie ahodoɔ

 看 hwɛ	 哭 su	 抚摸 fa wo nsa fefa ho
 梳头 nunu wotirim	 交谈 kasa	 明白 te asɛɛ
 问 bisa	 听 tie	 喝 nom
 吃 didi	 清理 siesie	 爱 dɔ
 做饭 noa	 开车 ka kaa	 飞 tu

活动 - dwumadie ahodoɔ

 航行 ka	 计算 bo ho nkonta	 读 kan
 学习 sua	 工作 yɛ adwuma	 结婚 ware
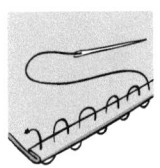 缝 pam	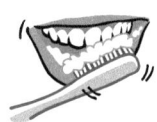 刷牙 twitwi wo se	 杀 kum
 抽烟 hye	 寄 soma	

活动 - dwumadie ahodoɔ

家
abusua

祖母 nanabaa

祖父 nana barima

父亲 papa

母亲 maame

婴童 abɔfra

女儿 babaa

儿子 babarima

客人
ɔhɔhoɔ

阿姨
sewaa

叔叔
wɔfa

兄弟
nua barima

姐妹
nuabaa

家 - abusua

身体
nipadua

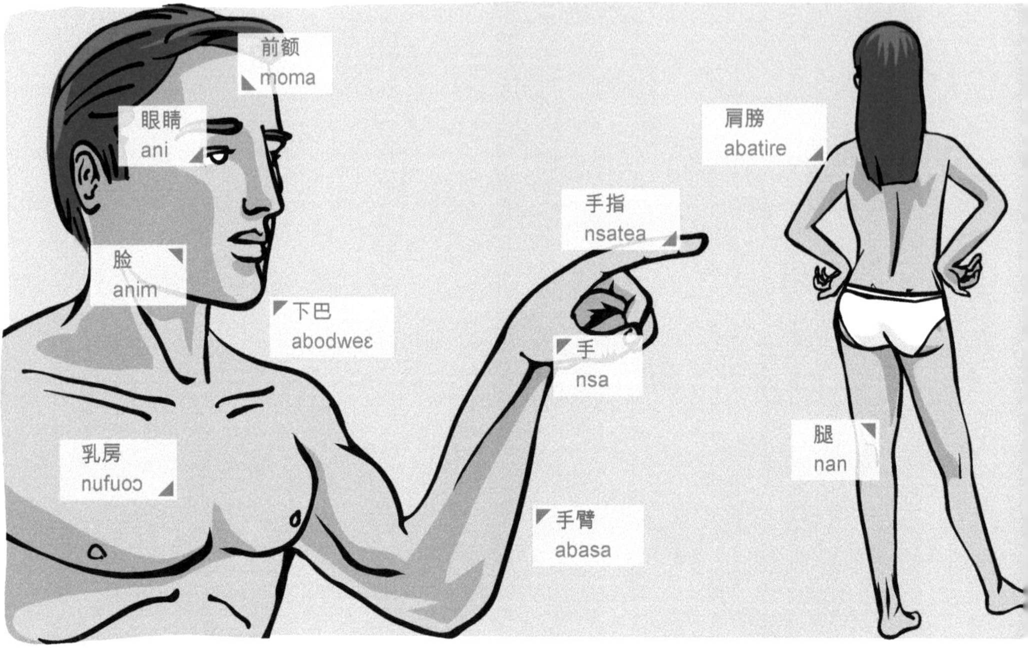

前额 moma
眼睛 ani
脸 anim
下巴 abodweɛ
乳房 nufuɔn
手指 nsatea
手 nsa
手臂 abasa
肩膀 abatire
腿 nan

婴童
abɔfra

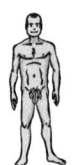

男人
barima

女人
ɔbaa

女孩
abaayewa

男孩
abarimaa

头
ɛtire

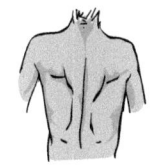 背部 akyi	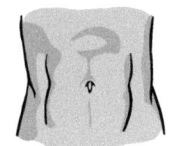 肚子 yafunu	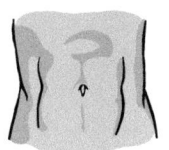 肚脐 furuma
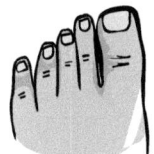 脚趾 nansoa	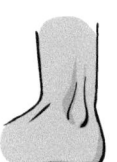 脚后跟 nantini	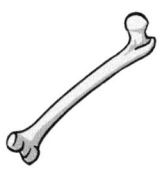 骨头 dompe
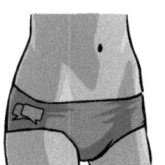 臀部 sisi	 膝盖 kotodwe	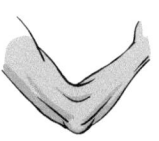 手肘 abatwerɛ
 鼻子 hwene	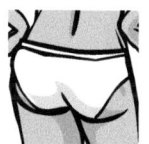 屁股 cotɔ	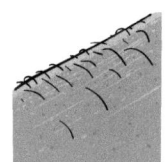 皮肤 wedeɛ
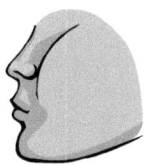 脸颊 afono	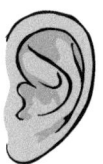 耳朵 aso	 嘴唇 ano

身体 - nipadua

嘴
ano

牙齿
ɛse

舌头
tɛkyerɛma

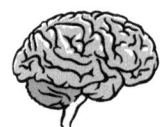
脑
adwene

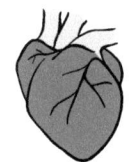
心脏
akoma

肌肉
honam

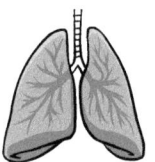
肺
ahrawa

肝脏
brɛbɔɔ

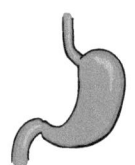
胃
afuro

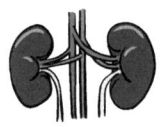
肾脏
sawa

性交
barima ne ɔbaa nna mu nhyiamu

避孕套
kɔndɔm

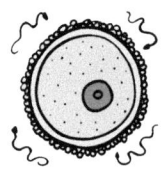
卵子
nkosua a ɛwɔ obaa mu

精子
barima ho nsuo

怀孕
nyinsɛn

身体 - nipadua

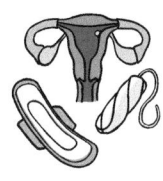

月经
brayɔ

阴道
ɛtwɛ

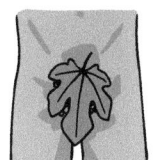

阴茎
kɔteɛ

眉毛
aniakyi nwii

头发
nwii

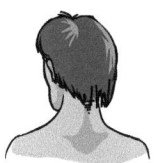

脖子
kɔn

身体 - nipadua

医院
asopiti

- 医院 — asopiti
- 救护车 — ambulanse
- 轮椅 — akonwa a wɔn a wɔntumi nyina tena mu
- 骨折 — dompe buo

医生
dɔkota

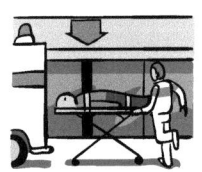

急诊室
ɛdan a wɔde wɔn a wɔn apira kɔ mu kɔhwɛ wɔn ɔhare so

护士
nɛɛsse

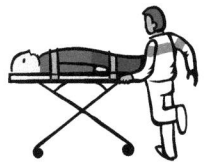

紧急情况
putupru

昏迷
fenti

痛
yaw

受伤
pira

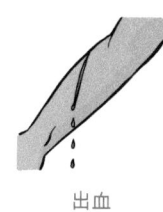
出血
mogyatuo

心脏病发作
akoma yareɛ

中风
nwodwoɔ yareɛ

过敏
adeɛ wo honam mpɛ

咳嗽
ɛwa

发烧
ahoɔhyeɛ

流感
papu

腹泻
ayɛmhwie

头痛
tiripayɛ

癌症
kokoram

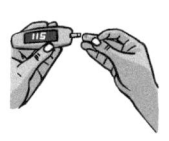
糖尿病
asikyire yareɛ

外科医生
dɔkotani wɔpaepae obi sa no yareɛ

手术刀
sekamma

手术
repaepae obi ho asa no yareɛ

医院 - asopiti

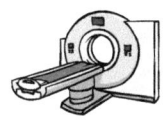
CT
CT

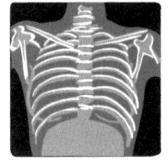
X光
x-ray

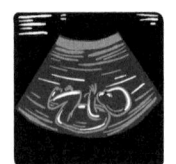
超声波
mfonin a wɔtwa de hwɛ awodeɛ mu

口罩
anim nkatadeɛ

疾病
yareɛ

候诊室
dan ɔw yɛtwɛn wɔ mu

拐杖
klɔkye

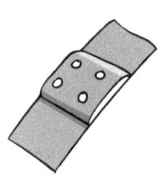
石膏
plasta

绷带
bandege

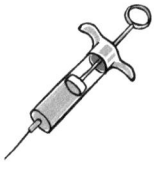
注射
paneɛ

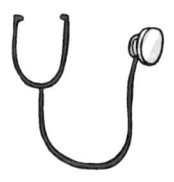
听诊器
afidie a wɔde tie dede wɔ nnipa ho

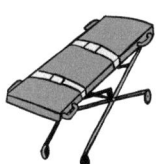
担架
mpa

体温计
afidie wɔde hwɛ ahoɔhyeɛ

出生
awoɔ

超重
kɛseyɛ mmorosoɔ

医院 - asopiti

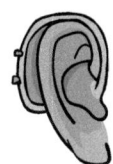

助听器

afidie a ɛboa ma obi te asɛm yie

消毒液

aduro a wɔde ko tia yaremmoa bateria

感染

yareɛ nsaeɛ

病毒

yaremmoawa

艾滋病

HIV / AIDS

药物

aduro

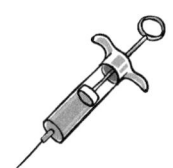

接种疫苗

nsianoaduru panɛɛwɔ

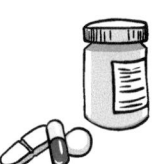

药片

nnuro a wɔmene

药丸

aduro a wɔmene

急救电话

putupru frɛ

血压计

afidie a wɔde hwɛ sɛdeɛ mogya di aforosane

生病/健康

yareɛ / ahuɔden

医院 - asopiti

紧急情况
putupru

救命！
Boa me!

警报
alam

突击
repira obi

攻击
to hyɛ biribi so

危险
amanɛɛ

紧急出口
kwan a wɔfa so pue berɛ asɛm asi putupuru

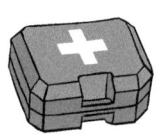

着火啦！
Egya!

灭火器
adeɛ a wɔde dum gya

意外
akwanhyia

急救箱
mmoa a edikan akadeɛ

呼救信号
SOS

警察
polisi

地球
Ewiase

欧洲
Europe

北美洲
North America

南美洲
South America

非洲
Africa

亚洲
Asia

澳洲
Australia

大西洋
Atlantic

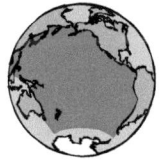
太平洋
Pacific

印度洋
Indian Ocean

南冰洋
Antartic Ocean

北冰洋
Arctic Ocean

北极
North Pole

地球 - Ewiase

南极
South Pole

南极洲
Atartica

地球
Ewiase

陆地
asaase

海
ɛpo

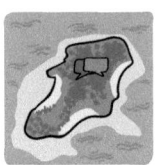

岛
ɛpoano

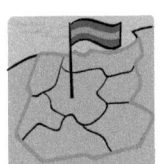

国家
ɔman

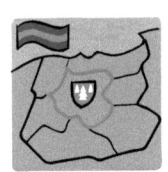

国家
ɔman

钟表
mmerɛ kyerɛfoɔ

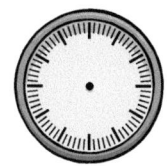

钟面
mmerɛ kyerɛfoɔ no anim

时针
dɔnhwere nsa

分针
sima nsa

秒针
anitɛtɛ nsa

现在几点？
Abɔ sɛn?

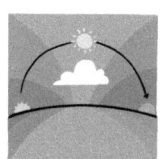

天
da

时间
mmerɛ

现在
seisei ara

电子表
abɛɛfo mmerɛ kyerɛfoɔ

分
sima

时
dɔnhwere

周
nnawɔtwe

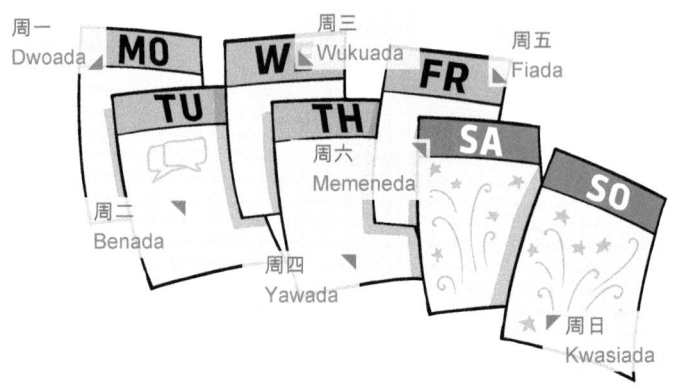

周一 Dwoada
周二 Benada
周三 Wukuada
周四 Yawada
周五 Fiada
周六 Memeneda
周日 Kwasiada

昨天
ɛnora

今天
nnɛ

明天
ɔkyena

早晨
anɔpa

中午
awia

晚上
anwummerɛ

工作日
adwuma nna

周末
nnawɔtwe awieɛ

年

afe

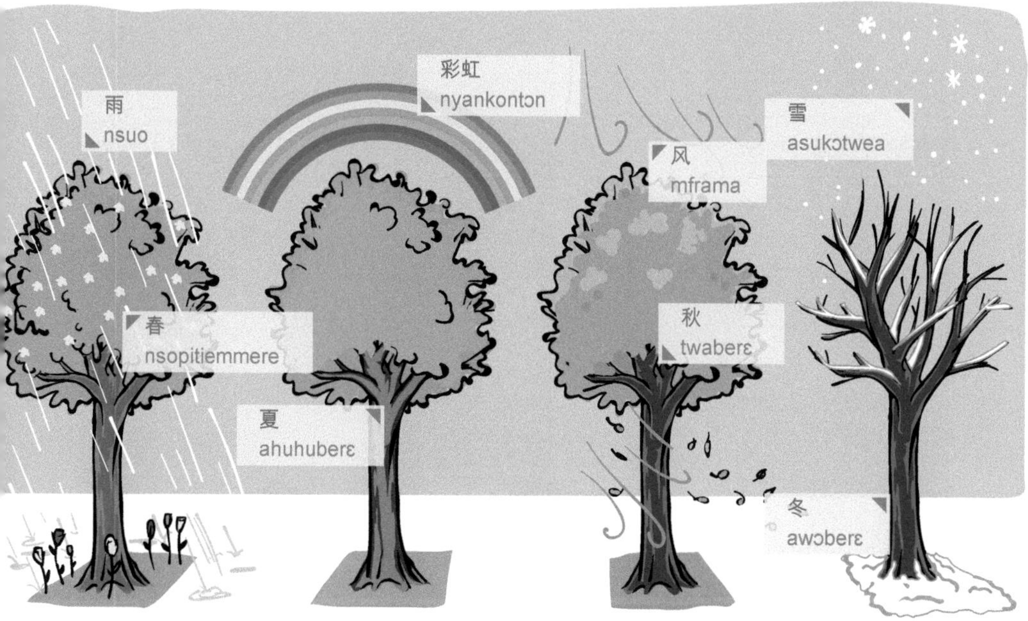

雨
nsuo
彩虹
nyankontɔn
雪
asukɔtwea
风
mframa
春
nsopitiemmere
秋
twaberɛ
夏
ahuhuberɛ
冬
awɔberɛ

4.APRIL 11°
5.APRIL 4°
6.APRIL 13°
7.APRIL 8°
8.APRIL 10°

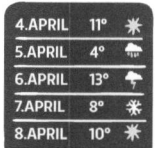

天气预报

ewiemu nsesaeɛ

F
C
120
90
60
30
0
-30
40
30
20
10
0
-10
-20

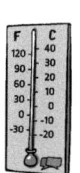

温度计

afidie a wɔde hwɛ ahoɔhyeɛ

阳光

awiabɔ

云

munumkum

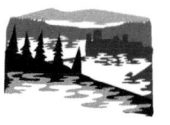

雾

ɛbɔ

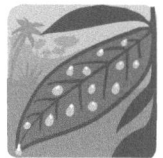

潮湿

nsuo a ɛwɔ mframa mu

闪电
ayerɛmo

打雷
agradaa

风暴
nsuden ne mframa

冰雹
sukɔtwea

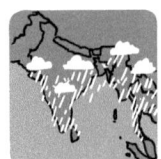
季风
mframa a ɛde nsuo ba

洪水
nsuyiri

冰
asukɔtwea

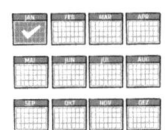
一月
Ɔpɛpɔn

二月
Ɔgyefoɔ

三月
Ɔbɛnem

四月
Oforisuo

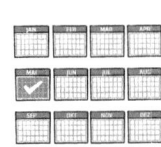
五月
Kotonimaa

六月
Ayɛwohumumɔ

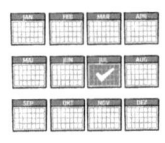
七月
Kitawonsa

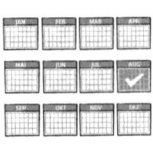
八月
Ɔsanaa

年 - afe

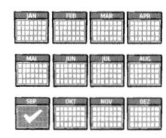
九月
ɛbɔ

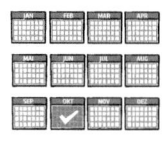
十月
Ahinime

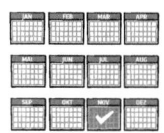
十一月
Obubuo

十二月
Ɔpɛnimaa

形状
bɔbea

圆形
kanko

正方形
ahenanan

长方形
fasene

三角形
ahinasa

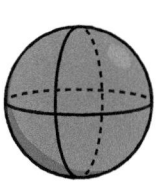
球体
kanko

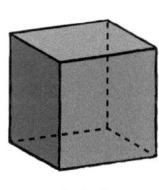
立方体
ahenanan

颜色
ahosuo

白
fitaa

黄
akokɔsradeɛ

橙
akokɔsradeɛ

粉
memen

红
kɔkɔɔ

紫
beredum

蓝
bibire

绿
ahabanmono

棕
dodoeɛ

灰
nson

黑
tuntum

反义词
abirabɔ

很多/少许	生气/平静	美/丑
bebree / ketewa	abufuo / brɛo	fɛfɛɛfɛ / tantantan

首/尾	大/小	明/暗
ahyɛasɛɛ / awieɛ	kɛsɛɛ / ketewa	ɛhyerɛ / ɛdum

兄弟/姐妹	干净/肮脏	完整/缺失
nua barima / nuabaa	ɛho te / ɛfi	wawie / onwieeyɛ

白天/晚上	死/生	宽/窄
anopa / anadwo	wawu / ɔtease	emu bue/emu mmuɛ

可食用/非食用
yetumi di / yentumi nni

邪恶/善良
bɔne / papa

兴奋/无聊
anigyeɛ / w'ani nka

胖/瘦
kɛseɛ / hwea

第一/最后
di kan / ka akyi

朋友/敌人
adanfo / atanfo

满/空
ayɛ ma / hwee nnimu

硬/软
dendenden / mrɛmrɛmrɛ

重/轻
emu ye duru / emu yɛ ha

饿/渴
ɛkɔm / nsukɔm

生病/健康
yareɛ / ahuɔden

非法/合法
ɛnfa mmrakwanso / mmrakwanso

聪明/愚笨
nimdifo / gyimifo

左/右
benkum / nifa

近/远
ɛbɛn / ɛmu ware

反义词 - abirabɔ

新/旧

foforo / dada

没有/有些

ɛnyɛ hwee / biribi

老/幼

panyin / abɔfra

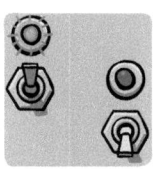

开/关

sɔ / dum

打开/合上

bue / yatom

安静/吵闹

dinn / dede

富/穷

sikani / ohiani

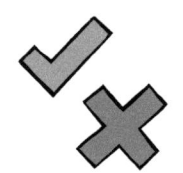

对/错

papa / bɔne

粗糙/光滑

wewerɛwewerɛ / tromtrom

伤心/高兴

awerehoɔ / anigye

短/长

tiatia / tentene

慢/快

brɛoɔ / ntɛm

湿/干

afɔ / awo

温暖/凉爽

ɛyɛ hye / adwo

战争/和平

ntɔkwa / asomdwoe

反义词 - abirabɔ

数字
nɔma

0
零
ohunu

1
一
baako

2
二
mmienu

3
三
mmiensa

4
四
nan

5
五
num

6
六
nsia

7
七
nson

8
八
nwɔtwe

9
九
nkron

10
十
du

11
十一
du-baako

12
十二
du-mmienu

13
十三
du-mmiensa

14
十四
du-nan

15
十五
du-num

16
十六
du-nsia

17
十七
du-nson

18
十八
du-nwɔtwe

19
十九
du-nkron

20
二十
aduonu

100
百
ɔha

1.000
千
apem

1.000.000
百万
ɔpepe

数字 - nɔma

语言
kasa ahodoɔ

英语
Brofo kasa

美式英语
Amerika Brofo

普通话
Chinese Mandarin

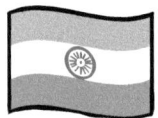

印地语
Hindi

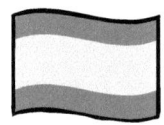

西班牙语
Spanish

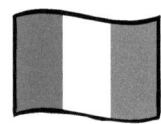

法语
French

阿拉伯语
Arabic

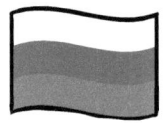

俄语
Russian

葡萄牙语
Portuguese

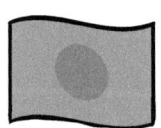

孟加拉语
Bengali

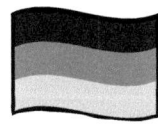

德语
German

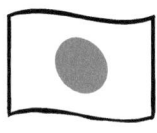

日语
Japanese

谁/什么/怎样
hwan/aden/ sɛn

我
me

你
wo

他/她/它
ɔnɔ

我们
yɛn

你们
wo

他们
wɔn

谁？
hwan?

什么？
aden?

怎样？
sɛn?

哪里？
ɛhefa?

什么时候？
dabɛn?

名字
din

方位
hefa

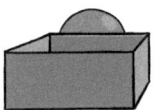

后面
n'akyi

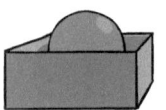

里面
ɛmu

前面
wɔ n'anim

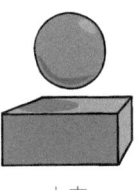

上方
soro

上面
so

下面
aseɛ

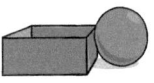

旁边
nkyene

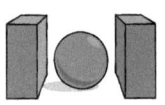

中间
ntam

地点
fa hyɛ